숨은그림찾기로 지구 한 바퀴

세계 도시 대탐험

틸리 그림 | 루시 멘지스 글 | 김은령 옮김

꼬마이실

로마 20

모스크바 22

베이징 24

도쿄 26

시드니 28

토론토 30

정답 32

이 책에 대하여

이제부터 우리는 세계의 여러 도시를 신나게 여행할 거예요.
우리를 기다리고 있는 열세 도시는 아주 흥미진진한 볼거리가 가득해요.
요리조리 뜯어볼수록 재미있는 건축물과 조각상이 있고, 이곳과 저곳을 잇는
멋진 다리가 놓여 있지요. 우리는 도시의 거리를 거닐고 골목골목을 누비면서
갖가지 먹거리도 맛보고 새로운 사람들을 만나 볼 거예요.
먼저, 도시마다 가장 유명한 명소에 대해 알아보고
북적거리는 도시 풍경 속에서 하나씩 찾아봐요.
또, 도시 곳곳에서 숨은그림찾기를 해요.
얼핏 보면 비슷한 그림이 숨어 있어서 깜빡 속을 수도 있어요!
그리고 도시를 찬찬히 둘러보면서 동물의 마릿수나 사물의 개수를 세어 봐요.
마지막으로, 책의 뒷부분을 펼쳐서 정답을 확인하고
세계 도시에 대해 더 세세한 정보를 찾아봐요.

앗, 가짜 조심!
딱 이 탁구채를 찾아요!

도시마다 개수를 세어 보는 문제가 있어요!

다람쥐는 모두 몇 마리일까요?

전 세계 도시를 여행한다고 여권이나 비행기표를 챙길 필요는 없어요.
팔락, 책장만 넘기면 도시 탐험을 시작할 수 있으니까요.

사람을 찾습니다!

도시 열세 곳에 사람 열세 명이 뿔뿔이 흩어져 있어요.
세계 도시를 탐험하면서 누가 어디에 나오는지 한번 찾아볼까요?

정답: 1. 베를린 2. 로마 3. 도쿄 4. 런던 5. 시드니 6. 바르셀로나 7. 뉴욕 8. 트롤토 9. 파리 10. 상트페테르부르크 11. 델리 12. 워싱턴 13. 서울

비둘기는 모두 몇 마리일까요?

뉴욕

뉴욕에 온 걸 환영해요! 뉴욕은 '잠들지 않는 도시'라는 별명을 가진 도시예요. 낮이고 밤이고 뉴욕을 찾아온 사람들로 북적거리거든요. 뉴욕의 심장부에 자리한 센트럴 파크로 가 볼까요. 정말 어마어마하게 넓은 공원이에요. 공원 안에 있는 호수에서 배를 타고 동물원에도 가요. 저기, 불빛이 번쩍이는 타임스 스퀘어를 봐요! 노란 택시나 뉴욕 지하철을 타고 여기저기 돌아다녀 보세요!

뉴욕에서 눈에 쏙 들어오는 명소를 찾아볼까요?

자유의 여신상
미국의 독립 100주년을 축하하기 위해 프랑스에서 보낸 선물이에요. 자유의 여신상 안으로 377개의 계단을 올라가요. 왕관 전망대에서 바라보면 뉴욕의 멋진 풍경이 한눈에 들어와요.

엠파이어 스테이트 빌딩
102층에 높이 443미터(안테나 탑 포함)로, 미국에서 여섯 번째로 높은 건물이에요. 1931년에 지었으며, 뉴욕의 초고층 빌딩 가운데 가장 유명한 건축물이에요.

플랫아이언 빌딩
원래 이름은 풀러 빌딩인데, 특이한 생김새 덕분에 플랫아이언(영어로 '다리미'라는 뜻)이란 이름이 붙었어요. 세모꼴 건물 모양이 꼭 다리미 같잖아요!

브루클린 브리지
맨해튼과 브루클린을 잇는 다리예요. 차가 달리는 도로와 사람이 걸어 다니는 길로 나뉘어 있어요.

라디오 시티 뮤직홀
이름은 뮤직홀이지만 영화와 연극도 볼 수 있어요. 레이디 가가와 롤링 스톤스 등 슈퍼스타들의 콘서트가 열리기도 했어요.

구겐하임 미술관
미국의 건축가 프랭크 로이드 라이트가 설계하고 1959년에 완성했어요. 건물 안은 바닥에서 꼭대기까지 나선형 길로 이어져요. 세계적으로 유명한 예술 작품들을 전시해요.

뉴욕 곳곳에서 숨은그림찾기 :

앗, 가짜 조심! 딱 이 택시를 찾아요!

핫도그
1867년 뉴욕에서 처음으로 핫도그를 만들어 팔았다고 해요. 한번 먹어 볼까요?

소화전
오늘 날씨가 더운가요? 운이 좋으면 소화전에서 물줄기를 내뿜는 모습을 볼 수 있어요. 소화전이 더위를 식혀 줘요.

노란 택시
뉴욕 거리에는 수만 대의 노란 택시가 달리고 있어요. 뉴욕의 명물, 노란 택시를 타 봐요.

브로드웨이의 뮤지컬 배우
세계에서 가장 유명한 극장 거리 브로드웨이에서 뮤지컬 공연을 봐요.

미국 국기
'성조기'라고도 해요. 흰색 별 50개가 있고, 빨간색과 흰색 가로줄 13개가 있어요.

야구방망이와 야구공
뉴욕에는 야구팀이 2개 있어요. 뉴욕 메츠와 뉴욕 양키스예요. 어느 팀을 응원할래요?

런던

다람쥐는 모두 몇 마리일까요?

영국의 수도 런던은 흥미진진한 역사 도시예요. 멋진 초고층 건물이 줄지어 있고, 웅장한 옛 건축물이 곳곳에 있어요. 그래서 구경할 것도 많고 놀거리도 많아요! '튜브'라는 런던 지하철을 타고 다니거나 이층 버스 위층에 앉아서 런던 곳곳을 구경해요. 자, 오늘 런던에서 무엇을 찾아볼까요?

런던에서 눈에 쏙 들어오는 명소를 찾아볼까요?

타워 브리지
템스강에는 쌍둥이 탑이 서 있어요. 바로 120년이 넘은 다리, 타워 브리지예요. 시간을 잘 맞추면 놀라운 광경을 볼 수 있어요. 배가 지나갈 수 있게 다리 한가운데가 쑥 들리거든요!

런던 아이
템스강 남쪽 강변에 있는 대관람차(커다란 회전식 놀이 기구)예요. 자그마치 800명을 한꺼번에 태울 수 있어요. 꼭대기에 다다르면 멋진 도시 풍경이 펼쳐져요.

빅 벤
지금 몇 시죠? 어서 런던에서 가장 유명한 시계탑을 보고 확인해요. 빅 벤은 엘리자베스 타워라는 시계탑 속 큰 종의 별명이에요. 지금은 다들 이 탑을 빅 벤이라고 불러요.

넬슨 기념탑
1805년 트라팔가르 해전을 이끈 영국 해군 사령관 허레이쇼 넬슨의 기념탑이에요. 넬슨 동상은 높이 52미터인 돌기둥 꼭대기에 서 있어요.

버킹엄 궁전
영국의 여왕 엘리자베스 2세가 사는 곳이에요. 버킹엄 궁전에는 방이 775개나 있어요. 욕실은 78개, 왕실 사람들이 묵는 침실은 52개예요. 병원, 영화관, 우체국, 풀장도 있어요!

거킨 빌딩
높이 180미터인 초고층 건물로, 건물 안에 상점, 음식점, 사무실이 있어요. 커다란 오이 피클처럼 생긴 건물이라서 거킨(영어로 '오이 피클'이란 뜻) 빌딩이라고 불러요!

런던 곳곳에서 숨은그림찾기 :

공중전화 부스
전화벨 소리가 들리나요? 런던 곳곳에는 빨간 공중전화 부스가 있어요.

찻잔과 찻잔 받침
영국 사람들은 차를 즐겨 마셔요. 영국 전통 찻잔을 찻잔 받침에 올려놓고 차를 마셔요.

웰시 코기
엘리자베스 2세는 한평생 30마리가 넘는 웰시 코기를 길렀어요.

진주 왕과 진주 여왕
이 두 사람은 진주 빛깔 자개 단추가 잔뜩 달린 옷을 입고, 불우 이웃을 위한 기금을 모으고 있어요.

영국 국기
'유니언 잭'이라고 불러요. 잉글랜드, 스코틀랜드, 아일랜드의 상징을 하나로 합친 국기예요.

앗, 가짜 조심!
딱 이 우체통을 찾아요!

우체통
엽서를 써서 빨간 우체통 안에 넣으면 집까지 무사히 배달될 거예요.

암스테르담

네덜란드의 수도 암스테르담은 운하의 도시예요. 이 도시를 구경할 때에는 유람선이 제격이에요. 물길을 따라가며 운하 주변 집들을 둘러보면 정말 아름답거든요. 반고흐 미술관에서 그림을 감상하고 네덜란드 대표 간식 스트룹 와플을 맛보는 건 어떨까요? 길거리를 다닐 때에는 이리저리 잘 살펴야 해요. 암스테르담에는 자전거가 무척 많거든요!

암스테르담에서 눈에 쏙 들어오는 명소를 찾아볼까요?

레이크스 미술관
네덜란드 암스테르담에 있는 국립 미술관이에요. 유명한 화가들의 그림과 조각상을 전시해요.

안네 프랑크의 집
제2차 세계 대전 때 안네 프랑크의 가족이 2년 동안 숨어 살던 집이에요. 안네를 기억하기 위해 해마다 수많은 사람이 이곳을 찾고 있어요.

암스테르담 왕궁
이 웅장한 건물은 1808년에 왕궁이 되었어요. 그 전에는 시청이었지요. 오늘날에는 이 궁전에서 네덜란드 왕실 가족의 결혼식이나 무도회가 열려요.

꽃 시장
전 세계에 딱 하나, 물 위에서 열리는 꽃 시장이에요! 싱헬 운하에서 1862년부터 시작되었어요. 시장에서는 울긋불긋 꽃 잔치가 열리지요!

렘브란트 광장의 렘브란트 동상
네덜란드 화가 렘브란트(1606년~1669년)는 암스테르담에 살았어요. 자화상을 그릴 때, 밝음과 어둠의 뚜렷한 대비로 극적인 효과를 냈어요. 이 기법을 명암법이라고 해요.

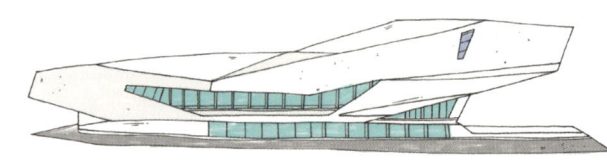

EYE 영화 박물관
딱 보기에도 아주 근사한 영화 박물관이에요. 온갖 영화와 포스터, 사진과 책들이 가득해요. 2010년부터 아이항에 자리를 잡았어요.

암스테르담 곳곳에서 숨은그림찾기 :

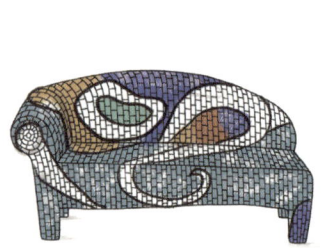

더불어 앉는 소파
이 소파는 암스테르담 곳곳에 놓여 있어요. 이웃들끼리 함께 모일 수 있는 자리이지요.

튤립
네덜란드에서 가장 인기 있는 꽃이에요. 꽃 시장에서 찾아보세요.

풍차
네덜란드 곳곳에 오래된 풍차 몇백 개가 남아 있어요.

코프볼 골대와 공
코프볼은 네덜란드의 운동 경기예요. 농구와 비슷해요. 1902년 니코 브록하위선이 만들었어요.

네덜란드 국기
빨간색, 하얀색, 파란색 가로줄이 차례로 있어요.

체스 말
체스는 네덜란드에서 굉장히 인기가 많아요! 암스테르담의 체스 박물관에 가면 커다란 체스판에서 체스를 둘 수 있어요.

앗, 가짜 조심! 딱 이 체스 말을 찾아요!

파리

바게트는 모두 몇 개일까요?

봉주르! 이제 프랑스의 수도 파리에 왔어요. 파리에는 미술관과 박물관이 많아요. 곳곳에 있는 빵집마다 갓 구운 빵 냄새를 솔솔 풍기지요. 맵시 있는 멋쟁이들이 많은 파리의 거리는 참 아름다워요. 특히 에펠 탑은 파리에서 유명한 명소로 손꼽혀요. 에펠 탑 승강기를 타고 꼭대기 전망대에 오르면 파리를 한눈에 내려다볼 수 있지요.

파리에서 눈에 쏙 들어오는 명소를 찾아볼까요?

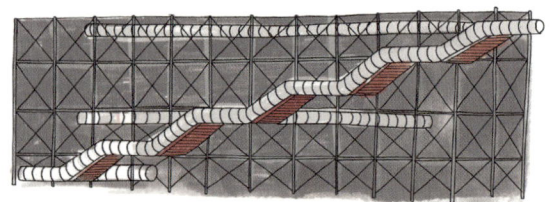

퐁피두 센터
퐁피두 센터는 놀라운 현대 미술 작품들로 가득한 미술관이에요. 건물 바깥쪽만 봐도 무척 흥미진진해요. 알록달록한 파이프들이 얼기설기 얽혀 있지요.

사크레쾨르 대성당
몽마르트르 언덕 위에 사크레쾨르 대성당의 돔 지붕이 우뚝 솟아 있어요. 성당에 가려면 가파른 오르막을 올라야 해요. 아니면 케이블 철도, 푸니쿨라를 타고 갈 수 있어요. 꼭대기에 오르면 기막힌 풍경이 펼쳐져요.

에펠 탑
1889년 에펠 탑이 세워지자 몇몇 파리 사람들은 볼썽사납다고 눈살을 찌푸렸어요! 하지만 지금은 세계에서 무척 유명한 건축물이 되었어요. 에펠 탑을 보려는 사람들로 늘 북적거리지요.

개선문
천장을 둥글게 만든 높다란 아치문이에요. 1700년대와 1800년대에 일어난 여러 전쟁에서 프랑스를 위해 싸우다가 목숨을 잃은 사람들을 기리기 위해 세웠어요. 프랑스의 황제 나폴레옹 보나파르트가 개선문을 세우기로 했는데, 다 짓기까지 자그마치 30년이 걸렸어요!

루브르 박물관
수많은 사람이 레오나르도 다빈치의 <모나리자>를 보기 위해 이 박물관을 찾아와요. <모나리자>는 세계에서 아주 유명한 그림이거든요. 박물관 바깥에는 어마어마한 유리 피라미드가 있어요.

노트르담 대성당
노트르담 대성당 바깥벽에는 우스꽝스러운 괴물 석상들이 가득해요. 대성당에는 아름다운 스테인드글라스 창문과 커다란 종도 있어요. 2019년에 큰불이 나서 지금은 불탄 자리를 원래 모습으로 되돌리는 작업 중이에요.

파리 곳곳에서 숨은그림찾기:

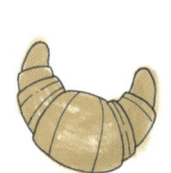

앗, 가짜 조심!
딱 이 붓을 찾아요!

크루아상
아침 식사로 먹는 초승달 모양의 빵이에요. 여러 겹의 얇은 층이 생기게 반죽을 하고 버터를 듬뿍 넣어요.

화가의 붓
파리에는 파블로 피카소와 클로드 모네 등 유명한 화가들이 많이 살았어요.

파리의 멋쟁이
파리는 세계 패션의 중심지로 손꼽혀요. 이 멋쟁이 숙녀는 어디에 있을까요?

지하철 표지판
이것은 막 피어나려는 꽃봉오리일까요? 아니에요. 파리 지하철 입구예요!

프랑스 국기
파란색, 하얀색, 빨간색으로 된 프랑스 국기가 파리 곳곳에서 나부껴요. '삼색기'라고도 불러요.

'투르 드 프랑스' 자전거 선수
'투르 드 프랑스'는 해마다 프랑스에서 열리는 자전거 대회예요. 프랑스 곳곳을 거쳐 파리에서 마무리해요.

베를린

하트 모양 생강 쿠키는 모두 몇 개일까요?

오들오들 추워요, 추워! 오늘 베를린에는 눈이 펑펑 내려요. 우리는 아주 멀리서도 한눈에 보이는 텔레비전 송신탑에 왔어요. 베를린에는 볼거리가 많고 놀거리도 많아요. 슈프레강에서 유람선을 탈까요? 아니면 아름다운 광장 젠다르멘 마르크트를 거닐까요? 베를린 탐험에 나서기 전에 모자와 목도리를 꼭 챙기세요!

베를린에서 눈에 쏙 들어오는 명소를 찾아볼까요?

템포드롬
포츠다머 플라츠에 있는 공연장이에요. 거대한 텐트처럼 생긴 이 공연장에서는 록 콘서트부터 스포츠 경기까지 온갖 행사가 열려요.

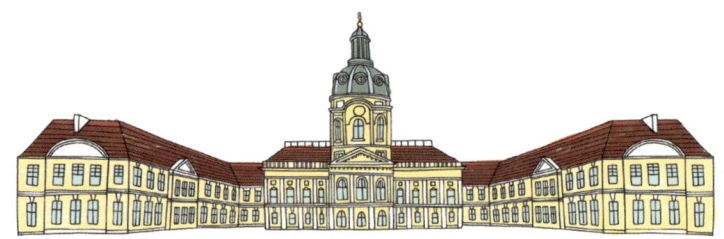

샤를로텐부르크 궁전
1713년에 지은 웅장한 궁전으로, 소피 샤를로텐 왕비의 이름을 땄어요. 한때는 왕실 가족들이 살았지만 오늘날에는 관람객들이 들어올 수 있어요.

베를린 텔레비전 송신탑
베를린 도심에 높이 솟은 방송탑이에요. 독일 사람들에게 텔레비전 방송 전파를 내보내요. 은빛 공 모양 전망대는 360도 회전하지요.

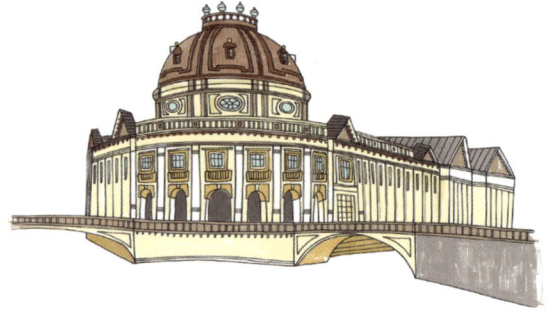

보데 박물관
슈프레강에 있는 '박물관 섬'에 가면 보데 박물관을 볼 수 있어요. 1904년에 문을 연 이 박물관은 옛 화폐 따위를 전시해요.

독일 연방 의회 의사당
독일 국회 의사당이에요. 10년에 걸쳐 지어 1894년에 완공했어요. 유리 돔에 올라가면 베를린 시내를 한눈에 내려다볼 수 있어요.

브란덴부르크 문
독일을 상징하는 건축물이에요. 중요한 역사적 사건들이 많이 일어난 곳이에요. 1788부터 1791년까지 지었어요.

베를린 곳곳에서 숨은그림찾기 :

지하철 '우반'
땅속으로도 달리고 땅 위로도 달리는 지하철 '우반'을 타고 베를린 곳곳에 갈 수 있어요.

앗, 가짜 조심!
딱 이 탁구채를 찾아요!

탁구채
탁구는 베를린에서 인기 있는 취미 활동이에요. 도시공원에서 탁구 치는 사람들을 흔히 볼 수 있어요.

브레첼
밀가루 반죽을 매듭 모양으로 만들어 구운 독일 전통 빵이에요.

카레 소시지
이 요리는 베를린에서 처음 만들었어요. 소시지를 썰어 놓고 카레 소스를 듬뿍 끼얹어요.

독일 국기
독일을 나타내는 세 가지 색인 검은색, 빨간색, 금색 가로줄이 있어요.

곰
곰은 베를린을 상징하는 동물이에요. 베를린을 나타내는 공식 표지에도 등장해요.

해치 돌상은 모두 몇 개일까요?

서울

푸른 하늘과 단풍이 어우러진 서울의 가을을 느껴 봐요! 서울은 한강을 중심으로 고궁과 현대적인 건물이 뒤섞여 있는 도시예요. 고궁과 한옥이 있는 골목에서는 고즈넉한 분위기를 느끼고, 높은 빌딩과 쇼핑몰이 있는 곳에선 놀거리와 먹거리를 즐겨요. 한강과 도시 공원에서는 자연을 느낄 수 있어요. 가을이면 서울 곳곳에서 야경을 즐길 수 있지요!

서울에서 눈에 쏙 들어오는 명소를 찾아볼까요?

경복궁
1392년부터 조선 시대 왕이 머문 궁전이에요. 일제 강점기를 거치며 궁의 건물이 많이 사라졌지만 계속해서 복원 중이에요. 경복궁에서는 한복을 입은 관광객을 많이 볼 수 있어요!

N 서울 타워
서울 남산 위에 위치한 이 타워는 방송 전파를 내보내고 관광 전망대 역할도 해요. 전망대에 올라가면 서울을 한눈에 볼 수 있어요.

숭례문
대한민국 국보 1호예요. 조선 시대 도성의 사대문 중에서 남쪽에 위치한 문이에요. 2008년 화재로 무너진 부분을 3년 동안 복원했어요.

예술의 전당
축제 극장, 음악당, 미술관, 전통 한국 정원 등을 두루 갖춘 복합 문화 시설이에요. 중심 건물인 축제 극장은 옛 선비들이 쓰던 갓 모양을 본떠 만들었지요.

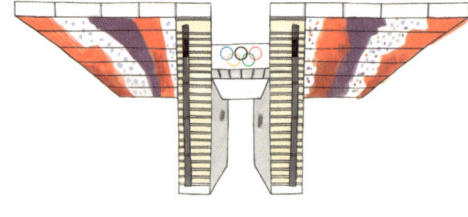

올림픽 공원
1986년 서울 아시안 게임과 1988년 서울 올림픽을 기념하여 만든 공원이에요. '세계 평화의 문'이 올림픽 공원의 대표적인 건축물이에요.

광화문 광장
세종 대왕 동상과 이순신 장군 동상은 광화문 광장의 상징이에요. 월드컵 응원과 시민들의 촛불 문화제로 더욱 유명해졌어요.

서울 곳곳에서 숨은그림찾기 :

가나다

앗, 가짜 조심! 딱 이 김치를 찾아요!

한글
세종 대왕 때 '훈민정음(백성을 가르치는 바른 소리라는 뜻)'이라는 이름으로 만든 대한민국 고유의 글자예요.

김치
대한민국 대표 발효 음식이에요. 장소와 계절에 따라 만드는 법과 재료가 달라 종류만 수십 가지가 넘어요.

진돗개
대한민국 토종개인 진돗개는 영리하고 용맹하기로 유명해요.

태권도
대한민국 전통 무술로, 건강한 신체와 올바른 정신으로 무장하기 위한 운동이에요.

태극기
대한민국 국기예요. 하얀 바탕은 평화, 가운데 태극 문양은 음양의 조화, 모서리에 있는 사괘는 각각 하늘, 땅, 물, 불을 상징하지요.

한복
남자는 저고리와 넓은 바지를 입고, 여자는 저고리와 넓게 퍼지는 긴 치마를 입어요. 남녀 모두 발에는 버선을 신지요.

부채는 모두 몇 개일까요?

바르셀로나

에스파냐의 도시 바르셀로나에 가면 보기만 해도 침이 꼴딱 넘어가는 음식들을 맛볼 수 있어요. 플라멩코 춤 공연을 보고, 세계 어디서도 볼 수 없는 놀라운 건축물도 봐요. 바르셀로나 하면 '해변의 도시'라는 별명을 빼놓을 수 없어요. 따스한 지중해에 풍덩 뛰어들어 헤엄을 치고, 모래성도 쌓고, 그늘에서 시에스타(낮잠)를 즐겨요. 바르셀로나는 이래저래 할 일이 넘쳐나요!

바르셀로나에서 눈에 쏙 들어오는 명소를 찾아볼까요?

몬주익 마법의 분수
분수의 세찬 물줄기가 공중으로 뿜어 나오는 광경을 볼까요? 물줄기는 높이 50미터까지 솟구쳐요! 밤이면 빛과 음악이 어우러진 환상적인 분수 쇼가 펼쳐져요.

사그라다 파밀리아 성당
이 아름다운 성당은 1882년에 짓기 시작해서, 아직도 짓고 있어요! 2026년에 다 지을 예정이에요. 인류 역사상 뛰어난 건축가로 손꼽히는 안토니오 가우디가 설계했어요. 이 도시 곳곳에서 가우디의 작품을 볼 수 있지만, 이 성당이야말로 가우디의 걸작이라고 해요.

토레 아그바
38층짜리 초고층 건물이에요. 최첨단 기술을 이용하여 건물 바깥벽에 있는 4,500개의 엘이디(LED) 불빛으로 온갖 빛깔과 무늬를 그려 내요.

에스파냐 광장
34,000제곱미터에 이르는 드넓은 광장이에요. 사람들이 무척이나 붐비는 곳이지요. 중앙 분수는 에스파냐 건축가 호셉 마리아 후홀이 설계했어요.

뚱보 고양이
콜롬비아 예술가 페르난도 보테로가 만든 고양이 동상이에요. 이 포동포동한 고양이는 바르셀로나의 라발 지구에 자리를 잡았어요. 막 터질 듯 부풀어 오른 생김새를 봐요!

카사 바트요
가우디의 손길이 닿은 건축물이에요. 한마디로 예술 작품이지요. 건물 바깥벽은 세라믹 타일 조각을 하나하나 붙여 만든 모자이크로 장식했어요. 건물 안에서는 문화 행사가 열려요.

바르셀로나 곳곳에서 숨은그림찾기 :

케이블카
케이블카를 타고 높이 오르면 멋진 도시 풍경을 볼 수 있어요.

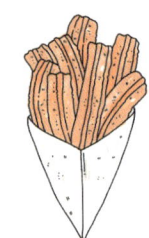

추로스
밀가루 반죽을 막대 모양으로 만들어 기름에 튀긴 과자예요.

구엘 공원
구엘 공원에 세워진 이 건축물들은 역시나 가우디의 작품이에요.

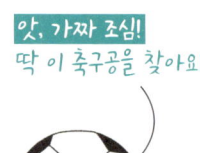

앗, 가짜 조심!
딱 이 축구공을 찾아요!

축구공
FC 바르셀로나는 세계에서 손꼽히는 실력을 자랑하는 축구팀이에요. FC 바르셀로나의 홈구장 '캄프 누'에서 축구 경기를 봐요.

'살아 있는' 동상
이 행위 예술가는 람블라 거리에서 동상처럼 꼼짝 않고 서 있어요. 어머나! 동상이 스르륵 움직이는 거, 봤어요?

사람 탑
사람들이 서로를 딛고 올라서서 높은 탑을 쌓아요. '카스텔'이라는 에스파냐 전통 놀이에요.

카메라는 모두 몇 개일까요? (핸드폰 카메라까지 포함)

로마

역사가 살아 숨 쉬는 도시, 로마에 왔어요. 이곳은 아름다운 분수와 성당, 조각상 들로 가득해요. 로마는 고대 로마 사람들이 세운 로마 제국의 수도였어요. 그 시대에 지은 경이로운 건축물들이 아직도 남아 있지요. 자, 세계의 불가사의로 꼽히는 커다란 원형 경기장 콜로세움을 구경하러 가 볼까요? 이탈리아의 아이스크림 젤라토를 맛보는 것도 잊지 말아요.

로마에서 눈에 쏙 들어오는 명소를 찾아볼까요?

콜로세움
약 2000년 전에 지은 원형 경기장이에요. 고대 로마 시대에 검투사들의 경기를 보려고 수많은 사람이 모여들었어요.

트레비의 분수
이 아름다운 분수 주위에는 여름철 무더위를 식히려는 사람들로 가득해요. 동전을 던져 분수에 넣으면 언젠가 로마로 돌아온다는 전설이 있어요!

마르쿠스 아우렐리우스 원주
이 높은 기둥은 로마 제국의 황제 마르쿠스 아우렐리우스를 기리기 위해 세웠어요. 기둥 겉면에 빼곡하게 새긴 그림에는 아우렐리우스 황제가 전투에서 승리한 이야기를 담았어요.

포로 로마노(로마인의 광장)
이 광장은 고대 로마 시대에 일상생활의 중심지였어요. 시장과 신전이 있어서 늘 사람들이 모이는 장소였어요. 하지만 오늘날에는 거의 폐허가 되었어요.

산피에트로 대성당
바티칸 시국(로마 안에 있는 도시 국가)에 있는 산피에트로 대성당은 전 세계 가톨릭교회의 중심이에요. 해마다 수많은 사람이 이곳에 와서 기도를 해요.

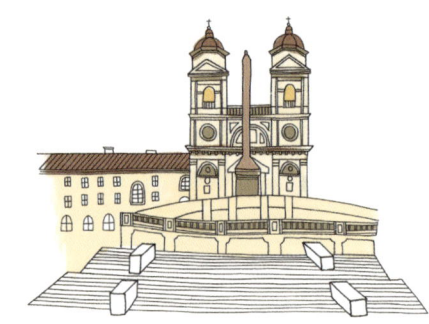

스페인 계단
예전에는 관광객들이 잠시 앉아서 쉬는 곳이었어요. 이제는 엄격한 규칙이 생겼어요. 이 계단에 앉아서 먹거나 마시면 안 돼요! 세계 문화유산을 보호해야 하니까요.

로마 곳곳에서 숨은그림찾기:

스파게티
이탈리아는 파스타 종류가 수백 가지인데, 그중 스파게티는 로마의 대표 음식이에요.

스쿠터 헬멧
사람들이 스쿠터를 타고 달리는 모습을 도시 어디서나 볼 수 있어요.
(앗, 가짜 조심! 딱 이 헬멧을 찾아요!)

로마의 암늑대
전설에 따르면, 로마를 세운 로물루스와 레무스는 늑대의 젖을 먹고 자랐어요.

물 마시는 곳, 나소니
마실 물이 졸졸 흘러나오는 나소니('큰 코'라는 뜻)가 로마 곳곳에 3,000개쯤 있어요.

이탈리아 국기
초록색은 희망, 하얀색은 믿음, 빨간색은 사랑을 나타낸다고 해요.

고양이
로마의 오랜 전통에 따라, 고양이들은 도시의 자유를 누리며 어디든 마음대로 드나들어요.

모자 쓴 사람은 모두 몇 명일까요?

모스크바

이제 모스크바의 심장부에 있는 붉은 광장에 들어섰어요. 붉은 광장 주위로 크렘린과 성 바실리 대성당 등 웅장한 건축물들이 빙 둘러싸고 있어요. 러시아 수도 모스크바는 엄청나게 큰 도시예요. 무려 1,700만 명 정도가 살고 있지요! 세계적인 대도시인 만큼 볼거리가 많고 놀거리도 많아요. 자, 어서 출발하지 않고 뭐 해요?

모스크바에서 눈에 쏙 들어오는 명소를 찾아볼까요?

크렘린
러시아의 대통령이 사는 곳이에요. 크렘린에는 여러 건물들이 있는데, 그중 스파스카야 탑은 크렘린 궁전으로 들어가는 문이에요.

에볼루션 타워
에볼루션 타워는 55층짜리 건물로, 꽈배기처럼 생겼지요! 영국 건축가 토니 케틀이 설계했어요. 건물 안에는 사무실과 상점들이 있어요.

성 바실리 대성당
성 바실리 대성당의 줄무늬 돔이 보이나요? 이 둥근 지붕들은 하늘로 타오르는 불꽃 모양으로 설계했어요. 한때는 성당이었지만 지금은 박물관이에요.

볼쇼이 극장
세계에서 가장 화려한 공연들이 펼쳐지는 이곳은 러시아 국립 극장이에요. 1821년부터 1824년까지 이 건물을 지었어요. 볼쇼이 극장에 딸린 발레단, 오페라단, 오케스트라도 있어요.

유리 가가린 기념비
러시아의 우주 비행사 유리 가가린은 인류 최초로 우주여행을 했어요. 1961년에 우주선을 타고 지구 궤도를 돌았지요. 티타늄으로 만든 기념비 꼭대기에 유리 가가린 동상이 서 있어요.

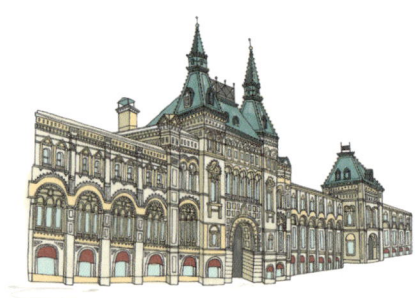

굼 백화점
이 아름다운 건축물은 100년 넘은 백화점이에요. 천장이 화려한 유리로 되어 있어요. 건물 안에는 기념품을 파는 가게들이 줄지어 있어요.

모스크바 곳곳에서 숨은그림찾기 :

스케이트 타는 사람
겨울철이면 붉은 광장에 쫙 펼쳐진 얼음판에서 스케이트를 타요. 앗싸!

앗, 가짜 조심! 딱 이 발랄라이카를 찾아요!

발랄라이카
이 세모꼴 악기는 기타와 비슷해요. 러시아 전통 음악을 연주하는 민속 악기예요.

토슈즈
모스크바의 우아한 발레리나들은 세계적으로 유명해요. 그림에서 토슈즈를 찾아보아요.

서커스 곡예사
모스크바 서커스는 전 세계에서 알아주는 공연이에요. 곡예사들은 기막힌 묘기를 펼쳐요.

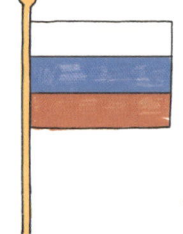

러시아 국기
하얀색, 파란색, 빨간색 줄무늬가 1993년부터 러시아 공식 국기 디자인이 되었어요.

유람선
도시의 중심부를 지나는 모스크바강에서 유람선을 타요.

베이징

여기는 중국의 수도 베이징이에요. 오늘 밤 이곳 사람들은 춘절(중국의 새해맞이 명절) 축제를 벌이고 있어요. 여기저기 먹거리가 넘쳐 나고 음악이 울려 퍼져요. 음악에 맞춰 용춤을 추는 사람들이 줄줄이 지나가네요. 저기 봐요. 불꽃놀이도 해요! 불꽃 터지는 소리 들려요? 팡! 팡!

베이징에서 눈에 쏙 들어오는 명소를 찾아볼까요?

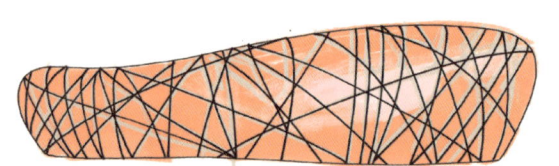

새 둥지(베이징 올림픽 주경기장)
2008년 베이징 올림픽을 위해 지은 경기장이에요. 새가 나뭇가지를 얼기설기 엮어 만든 둥지를 닮았어요. 새 둥지라는 뜻의 중국어 '냐오차오'라는 별명을 얻었지요.

베이징 고루
1272년에 지은 목조 누각이에요. 이곳에 북이 24개가 있었는데, 처음에는 악기로 쓰다가 나중에는 북을 쳐서 시간을 알렸어요. 처음 만든 북 중에 오늘날까지 남아 있는 건 딱 하나뿐이에요.

더성먼
베이징은 1953년까지 성벽에 둘러싸여 있었어요. 더성먼은 옛 성문으로, 오늘날까지 남아 있는 몇 안 되는 유적이에요.

쯔진청(자금성)
1912년까지 500년 동안 중국 황제가 살던 궁궐이었어요. 그때는 아무나 들어갈 수 없는 곳이었지만, 지금은 박물관이 되어 아름다운 방들과 울창한 정원을 둘러볼 수 있어요.

중국 중앙 텔레비전(CCTV) 본사
아주 특이하게 생긴 초고층 건물이에요. 2008년에 베이징 중심 업무 지구에 세운 사무실 건물이지요. 보기에 따라 '커다란 바지'처럼 생겼어요!

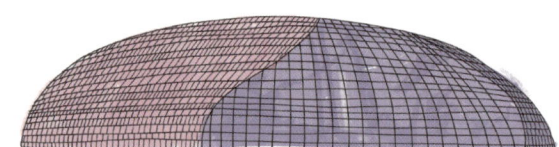

국가대극원
5,000명 넘게 들어갈 수 있는 커다란 공연장이에요. 생김새 덕분에 '거대한 달걀'로 불리는 이 공연장은 인공 호수에 둘러싸여 있어요.

베이징 곳곳에서 숨은그림찾기 :

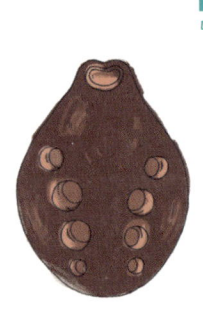

훈
달걀 모양의 관악기예요. 몇 천 년 동안 연주된 중국의 전통 악기예요.

앗, 가짜 조심! 딱 이 대왕판다를 찾아요!

대왕판다
중국을 상징하는 동물이에요. 베이징 동물원에서 대왕판다를 볼 수 있어요.

빨간 봉투
춘절에 세뱃돈을 줄 때, 빨간 봉투에 돈을 담아 줘요.

바오쯔
중국 만두예요. 밀가루 반죽에 채소나 고기를 채워 넣고 동글납작하게 오므려서 쪄 내요.

중국 국기
붉은 바탕에 노란 별 5개가 그려져 있어요.

쿵후
중국에서 시작된 무술이에요. 스스로를 지키고 단련하기 위한 운동이지요.

도쿄

종이접기로 만든 새는 모두 몇 개일까요?

도쿄는 북적거리고 화려한 도시예요. 도시 곳곳에 고층 건물들이 있고 희한하게 생긴 초현대식 건물도 많아요. 도쿄에서는 오래된 절을 구경하거나 봄이면 흐드러지게 피는 벚꽃을 볼 수도 있어요. 여기는 그 유명한 시부야 횡단보도예요. 때마침 출근 시간이네요. 수많은 사람이 구름 떼처럼 몰려가고 몰려오는 모습 좀 봐요!

도쿄에서 눈에 쏙 들어오는 명소를 찾아볼까요?

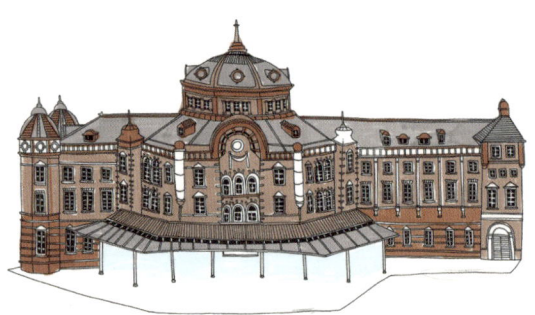
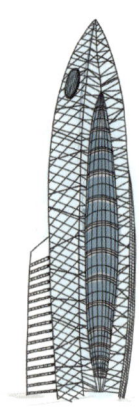

도쿄역
일본 도쿄의 주요 기차역이에요. 최고 시속 320킬로미터로 달리는 총알 열차, 신칸센을 타요!

고쿤 타워
누에고치를 닮아서 고쿤('누에고치'라는 뜻) 타워라는 이름이 붙었어요! 놀랍게도 이 건물은 학교예요. 이곳에서 수많은 사람이 갖가지 분야의 공부를 하고 있지요.

도쿄 타워
도쿄 타워는 텔레비전과 라디오 전파를 도시 곳곳으로 내보내요. 하늘을 나는 비행기도 금세 알아볼 수 있게 주황색과 흰색으로 칠했어요.

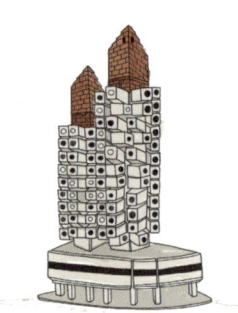

고쿄
일본의 왕이 살고 있는 궁이에요. 해자(성 주위에 둘러 판 못)로 둘러싸여 있어요. 관람객은 고쿄 주변의 정원을 둘러볼 수 있어요.

도쿄 스카이 트리
높이 634미터로, 세계에서 가장 높은 타워예요. 라디오와 텔레비전 전파를 내보내요. 와, 유리 바닥이 있어서 발아래로 도시를 내려다볼 수 있어요.

나카진 캡슐 타워
이 건축물 안에는 작은 네모 상자 같은 방, 캡슐들이 있어요. 사람들이 사는 공간을 캡슐로 설계했지요. 하지만 오늘날에는 대부분 아무도 살지 않아요. 버려져 못 쓰는 방들도 있고요. 그래도 여전히 유명한 건축 작품이에요.

도쿄 곳곳에서 숨은그림찾기:

앗, 가짜 조심! 딱 이 마네키네코를 찾아요!

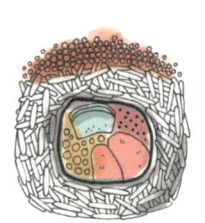

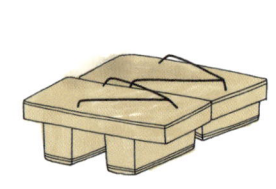

초밥
밥, 김, 얇게 저민 생선으로 만드는 일본 요리예요.

마네키네코(복 고양이)
이 고양이 인형은 아주 인기가 많아요. 앞발을 들고 있는 고양이가 복을 불러온다고 생각하지요.

게다
일본 사람들이 신는 나막신이에요. 나무로 된 판에 끈을 끼우고, 밑면에 앞뒤로 나무 굽을 댔어요.

하라주쿠의 멋쟁이
하라주쿠 거리에는 개성 넘치는 독특한 스타일의 사람들이 많아요.

일본 국기
가운데 있는 빨간 동그라미는 떠오르는 태양을 상징한다고 해요.

하치 동상
하치라는 개를 기리는 동상이에요. 하치는 날마다 같은 장소에서 주인을 기다렸어요. 주인이 세상을 떠난 뒤에도 9년 넘게 기다렸다고 해요.

주머니여우는 모두 몇 마리일까요?

시드니

어서 모자와 선글라스를 챙겨요. 시드니는 눈부신 햇살이 가득해요! 세계에서 아름다운 항구로 손꼽히는 시드니항에서 수많은 사람이 여름을 즐겨요. 여러분도 바닷가를 거닐다 보면 가까이에서 멋진 오페라 하우스를 구경할 수 있어요. 바닷물에 풍덩 뛰어들거나 카약을 타기도 해요. 무더운 시드니에서 시원하게 즐길 수 있는 놀이를 해 봐요!

시드니에서 눈에 쏙 들어오는 명소를 찾아볼까요?

시드니 오페라 하우스
1973년에 문을 열었어요. 다 짓기까지 자그마치 14년이 걸렸지요. 1,000개쯤 되는 공간이 있어서 발레부터 서커스까지 온갖 공연을 펼치고 있어요.

시드니 하버 브리지
시드니의 북부와 남부를 잇는 다리예요. 1932년에 개통할 때까지 8년에 걸쳐 지었어요. 높이 134미터로, 세계에서 가장 큰 아치 모양의 철교예요.

시드니 타워
309미터 높이의 황금빛 탑이 시드니의 고층 건물들 사이에 우뚝 솟아 있어요. 꼭대기 전망대에서 도시를 한눈에 내려다봐요.

컬울라 체임버스
1912년에 세운 오스트레일리아 최초의 고층 건물이에요. 높이 50미터로, 다른 나라의 건축물과 비교하면 별로 큰 건물은 아니에요.

커다란 성냥개비
8미터짜리 높다란 조형물이에요. 오스트레일리아의 예술가 브렛 화이트리의 작품이지요. 원래 제목은 '거의 한 번(Almost Once)'인데, 사람들은 '커다란 성냥개비'라고 불러요. 하나는 타고, 하나는 안 탄 성냥개비처럼 생겼지요. 나무와 유리 섬유로 만들었어요.

앤잭 전쟁 기념관
시드니 하이드 파크에 있는 기념관이에요. 제1차 세계 대전에서 싸우다가 목숨을 잃은 오스트레일리아와 뉴질랜드 군인들을 기리는 곳이에요.

시드니 곳곳에서 숨은그림찾기 :

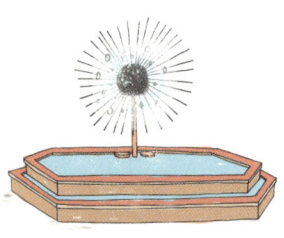

앗, 가짜 조심! 딱 이 크리켓 공을 찾아요!

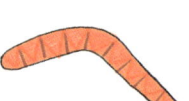

유황앵무
머리에 노란 도가머리가 있는 하얀 새예요. 시드니를 보금자리로 삼았어요.

엘알라메인 분수
이 멋진 청동 분수는 민들레 홀씨를 닮았어요.

새장
'사라진 노래(Forgotten Songs)'라는 설치 미술 작품이에요. 엔젤 플레이스에 가면, 100개가 넘는 새장이 공중에 매달려 있어요.

크리켓 공
오스트레일리아 사람들은 크리켓을 아주 좋아해요! 시드니 크리켓 그라운드(SCG)에서 크리켓 경기를 볼 수 있어요.

오스트레일리아 국기
깃대 쪽에 영국 국기가 그려져 있고, 남십자자리를 나타내는 별들이 총총 박혀 있어요.

부메랑
이 굽은 막대기를 던지면 되돌아와요! 원래 오스트레일리아 원주민이 사냥을 할 때 썼어요.

토론토

파랑어치는 모두 몇 마리일까요?

멋진 가을날 우리는 캐나다 토론토에 왔어요. 온타리오호 기슭에 있는 토론토는 세계 여러 나라에서 온 사람들이 어울려 살아가는 곳으로 유명해요. 토론토에서는 무엇을 할까요? 아이스하키 경기를 보러 갈까요? 바타 구두 박물관에 가 볼까요? 구두 박물관에는 별별 신발들이 다 있어요. 그밖에도 토론토에는 볼거리가 넘쳐요. 어서 토론토 여행을 시작해요!

토론토에서 눈에 쏙 들어오는 명소를 찾아볼까요?

왕자들의 문
이 웅장한 건축물은 캐나다 건국 60주년을 기념하기 위해 세웠어요. 중앙 아치 꼭대기에 날개 달린 승리의 여신상이 있어요.

구더햄 빌딩
1892년에 세운 건물이에요. 이 세모꼴 빌딩은 20세기 초 '다리미' 건축의 본보기가 될 만해요. 높이는 17미터밖에 안 돼요!

CN 타워
토론토의 고층 건물들 사이에서 우뚝 치솟은 탑이에요. 따로 떠받치는 장치 없이 스스로 서 있는 탑으로, 오랫동안 세계 최고 높이를 자랑했어요. 꼭대기까지 1,776개의 계단을 오르면 멋진 전망을 볼 수 있어요.

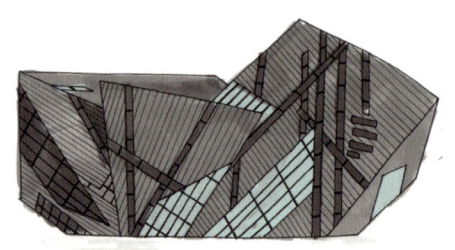

로열 온타리오 박물관
캐나다에서 사람들이 가장 많이 찾는 박물관이에요. 뾰족한 수정 모양의 박물관은 역사 유물과 자연 과학 자료를 갖추었어요.

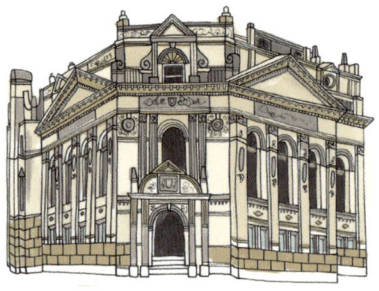

아이스하키 명예의 전당
아이스하키 팬이라면 너무 좋아서 폴짝폴짝 뛸 거예요. 아이스하키에 관한 갖가지 자료와 기념품으로 가득한 곳이에요.

로이 톰슨 홀
2,500명이 넘는 사람들이 들어갈 수 있는 공연장이에요. 1982년에 문을 연 이후로 다양한 음악 공연이 펼쳐지고 있어요. 이곳과 딱 어울리는 어마어마한 파이프 오르간이 있어요.

토론토 곳곳에서 숨은그림찾기 :

     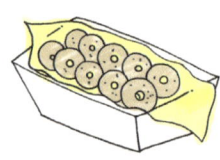

트램
1861년부터 토론토 곳곳으로 사람들을 태우고 다녔어요.

하키 퍽
토론토에는 '토론토 메이플 리프스'라는 아이스하키 팀이 있어요. 스코티아 뱅크 아레나에서 이 팀의 경기를 볼 수 있어요.

대포 (앗, 가짜 조심! 딱 이 대포를 찾아요!)
오래전에 영국군이 세운 요크 요새에 가면, 실제 전투에서 사용한 대포를 볼 수 있어요.

비버
토론토를 상징하는 공식 동물이에요. 부지런히 일하는 시민 정신을 나타내요.

캐나다 국기
캐나다가 원산지인 단풍나무 잎이 그려져 있어요.

꼬마 도넛
달달한 꼬마 도넛은 토론토의 전통 먹거리예요.

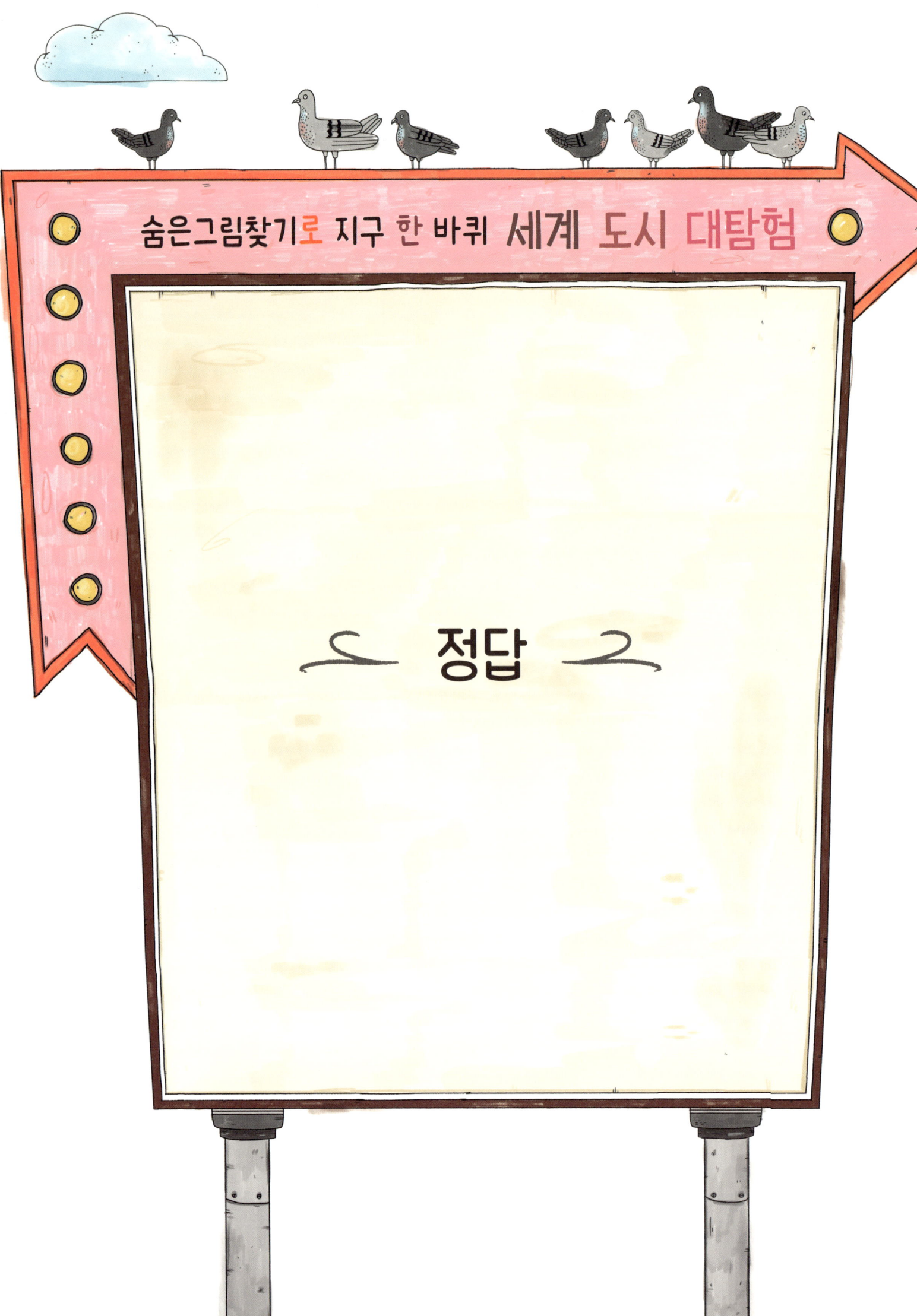

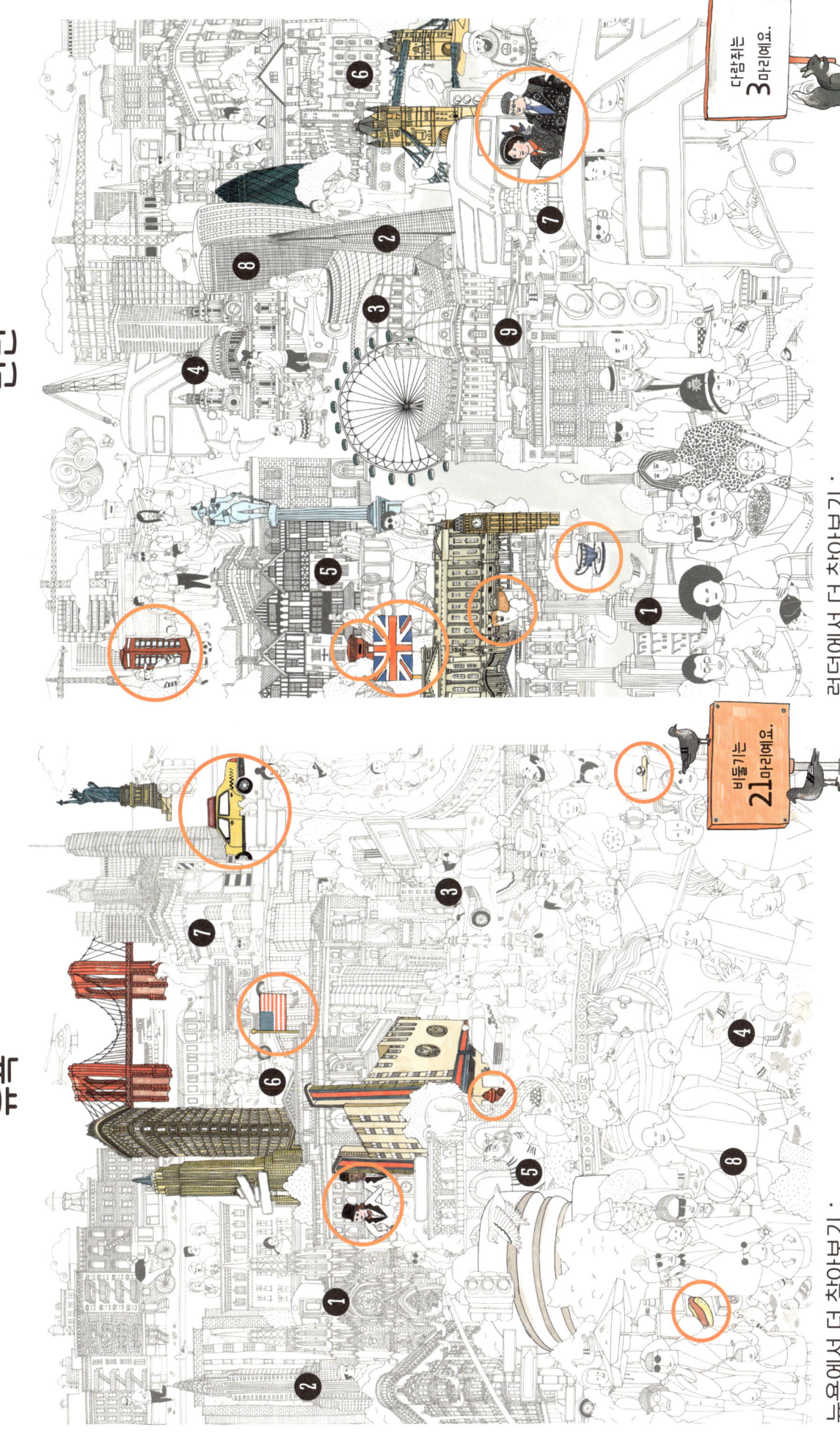

런던

런던에서 더 찾아보기 :

1. **배터시 발전소** 예전에 화력 발전소였어요. 지금은 주택, 사무실, 상점, 음식점으로 바뀌었어요.
2. **더 샤드** 95층짜리 초고층 건물.
3. **셰익스피어 글로브 극장** 영국 작가 셰익스피어의 작품을 공연했던 극장을 다시 세웠어요. 이곳에서 셰익스피어의 연극 공연을 관람해요.
4. **세인트 폴 대성당** 런던의 유명한 명소들 중 하나. 528개의 계단을 올라가야 대성당의 지붕 꼭대기에 다다를 수 있어요.
5. **리버티 백화점** 건물 바깥벽이 튜더 양식으로 된 웅장하고 화려한 고급 백화점.
6. **런던 탑** 850년 넘게 감옥이었어요. 오늘날에는 왕관에 박힌 보석들을 전시해요.
7. **코카리아 성** 이 동상은 런던 남쪽에 있는 '코카리아 성' 지하철역에 세워져 있어요.
8. **20 펜처치 스트리트** 건물의 생김새 때문에 '워키토키(무전기)'라는 별명이 붙은 초고층 건물.
9. **임페리얼 전쟁 박물관** 제1차 세계 대전부터 오늘날까지 일어난 전쟁 자료와 무기 따위를 전시해요.

뉴욕

뉴욕에서 더 찾아보기 :

1. **세인트 패트릭 대성당** 고딕 양식의 로마 가톨릭 성당.
2. **크라이슬러 빌딩** 77층짜리 초고층 건물.
3. **타임스 스퀘어** 사람들로 북적이는 번화가. 상점, 음식점, 광고판으로 가득해요.
4. **센트럴 파크** 정원, 호수, 조각상, 공연장 등 갖가지 볼거리가 있는 공원.
5. **센트럴 파크 동물원** 센트럴 파크 안에 있는 작은 동물원. 1864년에 문을 열었어요.
6. **조지 워싱턴 동상** 유니언 스퀘어에 있는 미국 초대 대통령의 동상.
7. **차이나타운** 중국 음식과 문화를 알 수 있는 곳.
8. **동부** 뉴욕시에는 뉴스와 네츠, 2개의 농구 팀이 있어요.

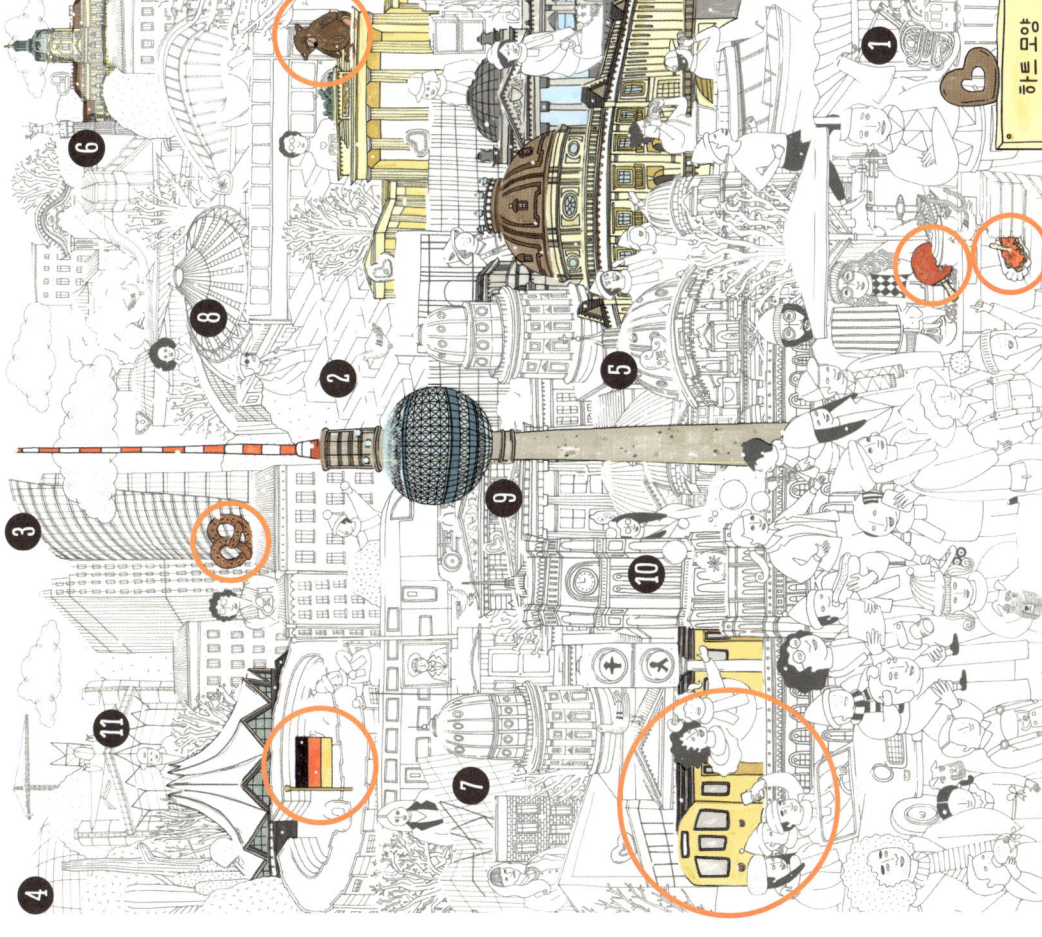

서울

서울에서 더 찾아보기:

1. **한강** 아주 오래전부터 서울의 중심 역할을 한 강이에요. 유람선을 타고 야경을 즐길 수 있을 거예요.
2. **서대문 형무소 역사관** 형무소였던 건물로 지금은 평화 역사 박물관이에요.
3. **국립 중앙 박물관** 선사 시대부터 대한 제국 시기까지의 방대한 유물을 전시한 국립 박물관.
4. **남산 케이블카** 남산 아래에서 이 케이블카를 타면 N 서울 타워 앞까지 올라갈 수 있어요!
5. **명동 성당** 1898년에 지어진 고딕 건축으로 서울의 현대사를 함께한 건물이에요.
6. **독립문** 1897년 대한 제국의 자주독립을 위해 세운 문.
7. **동대문 디자인 플라자(DDP)** 옛 동대문 운동장이 철거되고 생긴 복합 문화 공간. 곡선으로 이루어진 독특한 건물이지요.
8. **청와대** 경복궁 바로 뒤에 위치한 대통령이 머무는 곳이에요.

해치 동상은 **3개**예요.

베를린

베를린에서 더 찾아보기:

1. **벼룩시장** 일요일마다 마우어 파크에서 중고 물품을 사고파는 시장이 열려요.
2. **홀로코스트 역사 박물관** 제2차 세계 대전 때 홀로코스트에 희생된 유대인을 추모하기 위해 세웠어요.
3. **TV 타워** 26층짜리 고층 건물.
4. **베를린의 뇌** 베를린 자유 대학교에 연락 도서관. 사람의 뇌를 닮았어요.
5. **베를린 대성당** 베를린을 대표하는 건축물로 손꼽혀요.
6. **평화의 기둥** 높이 19미터인 기둥 꼭대기에 로마 승리의 여신, 빅토리아 동상이 있어요.
7. **유대인 박물관** 유대인의 문화 자료를 전시하는 곳.
8. **소니 센터** 포츠다머 플라츠에 있는 복합 극장 공간.
9. **젠다르멘 마르크트** 둥근 지붕을 얹은 두 성당의 양쪽에 서 있는 광장.
10. **붉은 시청사** 베를린 시청 건물.
11. **베를린 독일 과학 박물관** 배, 비행기, 우주선, 통신 등 자료를 전시해요.

하트 모양 생강 쿠키는 **13개**예요.

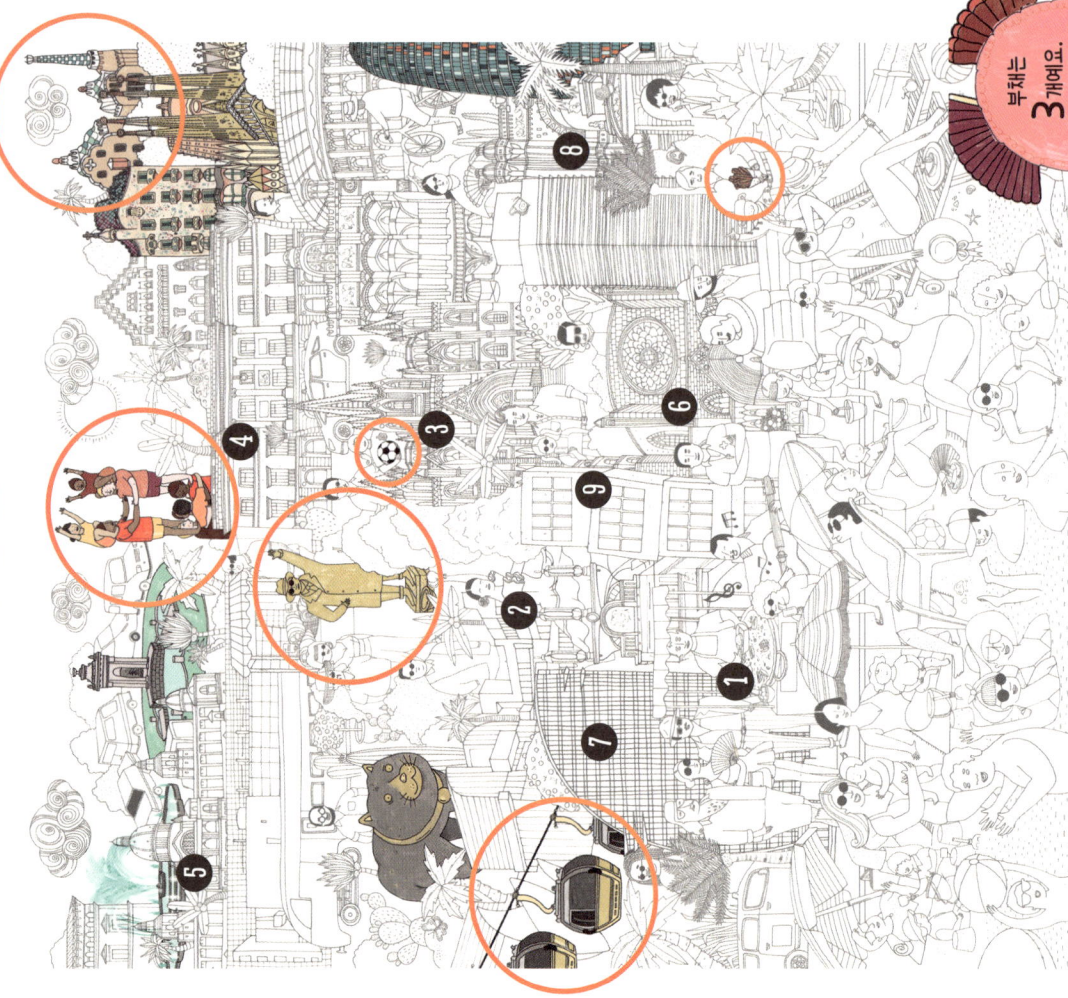

베이징

베이징에서 더 찾아보기:

1. **열두 띠** 해마다 그 해를 상징하는 동물이 있어요. 같은 띠는 12년마다 돌아와요. 2020년은 쥐띠 해예요.
2. **인력거** 베이징 곳곳으로 이동하는 수단. 자전거를 탄 사람이 수레에 승객을 태우고 가요.
3. **중앙텔레스타** 중앙 방송탑. 텔레비전과 라디오 전파를 내보내요.
4. **베이징역** 커다란 시계탑 2개가 있는 기차역.
5. **갤럭시 소호** 4개의 타워가 이어진 복합 건물. 주거 시설, 사무실, 쇼핑몰이 있어요.
6. **베이징 국제 아쿠아틱스 센터** 2008년 베이징 올림픽 수영 경기를 위해 지었어요. '워터 큐브'라 불리기도 해요.
7. **인민 영웅 기념비** 중국 톈안먼 광장에 있는 기념비. 중국 혁명 과정에서 목숨을 잃은 사람들을 기리기 위해 세웠어요.
8. **만리장성** 베이징 북쪽에 있는 세계의 불가사의.
9. **이허위안** 중국 황실의 여름 별궁. 궁궐과 호수, 정원이 있어요.

모스크바

모스크바에서 더 찾아보기:

1. **옐레바이스** 43층짜리 주거용 초고층 건물.
2. **우크라이나 호텔** 모스크바에 방이 497개나 있는 호화 호텔.
3. **모스크바 대학교** 모스크바에 있는 국립 종합 대학교.
4. **푸시킨 미술관** 세계 여러 나라의 옛 미술품을 전시해요.
5. **슈크포 방송탑** 높이 160미터로, 방송 전파를 내보내요.
6. **모스크프스키 동물원** 모스크바의 중심부에 있는 큰 동물원. 1864년에 지었어요.
7. **루주니키 스타디움** 러시아에서 가장 큰 축구 경기장. 81,000명이 들어올 수 있어요.
8. **모스크바 개선문** 1812년 프랑스군의 침략을 물리친 러시아의 승리를 기념하는 문.
9. **도스코이 수도원** 러시아 정교회 수도사들이 있는 곳.
10. **노보데비치 수녀원** 러시아 정교회 수녀들이 있는 곳.

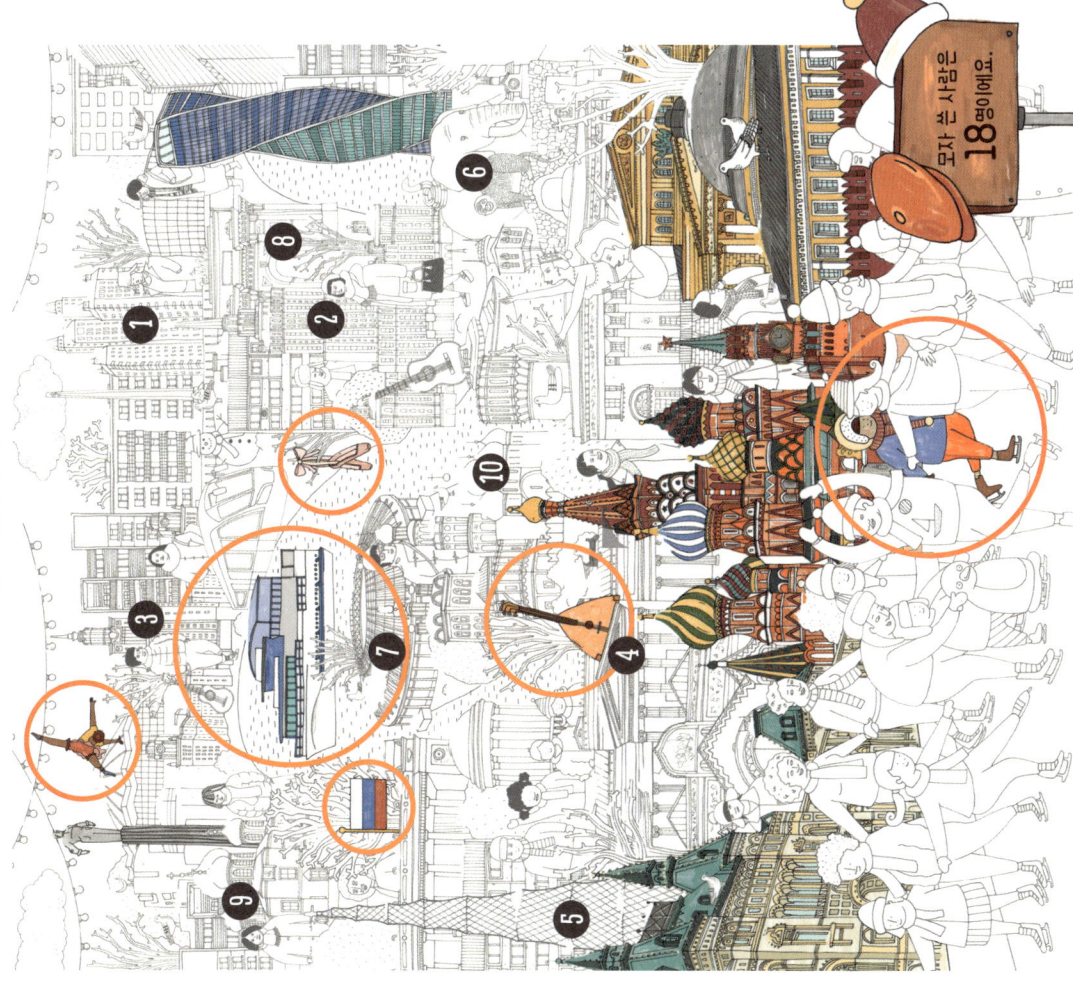

모자 쓴 사람은 18명이에요.

등롱 16개예요.

시드니

시드니에서 더 찾아보기:

1. **디저리두** 오스트레일리아 원주민의 전통 악기. 나무로 만든 관악기.
2. **수상 스포츠** 시드니항은 카약, 윈드서핑, 제트 스키를 즐기는 사람들로 북적거려요.
3. **도이처 뱅크 플레이스** 39층짜리 초고층 건물.
4. **총독 관저** 예전에 오스트레일리아의 총독이 살았어요. 지금은 박물관이에요.
5. **세인트 메리 대성당** 로마 가톨릭 성당.
6. **선콥 플레이스** 48층짜리 초고층 건물.
7. **시드니 음악원** 1820년에 지은 음악 학교.
8. **갈릭스** 시드니 왕립 식물원 안에 있는 행사 공간.
9. **중국 우호 정원** 중국 전통 양식의 정원.

도쿄

도쿄에서 더 찾아보기:

1. **도쿄 도청** 전망대가 있는 웅장한 건축물.
2. **마스코트** 축제 홍보나 행사를 위한 캐릭터.
3. **벚꽃** 봄이면 도시 곳곳에 연분홍 벚꽃이 흐드러지게 피어요.
4. **하라주쿠** 알록달록한 옷차림과 길거리 공연으로 유명한 곳.
5. **로봇** 도쿄의 음식점, 호텔, 박물관에서 로봇을 손쉽게 볼 수 있어요.
6. **신칸센** 일본의 초고속 열차. 바퀴 없이 자석의 힘으로 선로에서 뜬 채로 달려요.
7. **아키하바라** 궁을 가까이 보는 외국 손님을 모시는 곳.
8. **국립 신미술관** 현대 미술 작품을 전시하는 미술관.
9. **신주쿠 파크 타워** 빌딩 3개가 나란히 서 있어요. 건물 안에는 쇼핑몰, 아파트, 사무실, 호텔이 있어요.

토론토

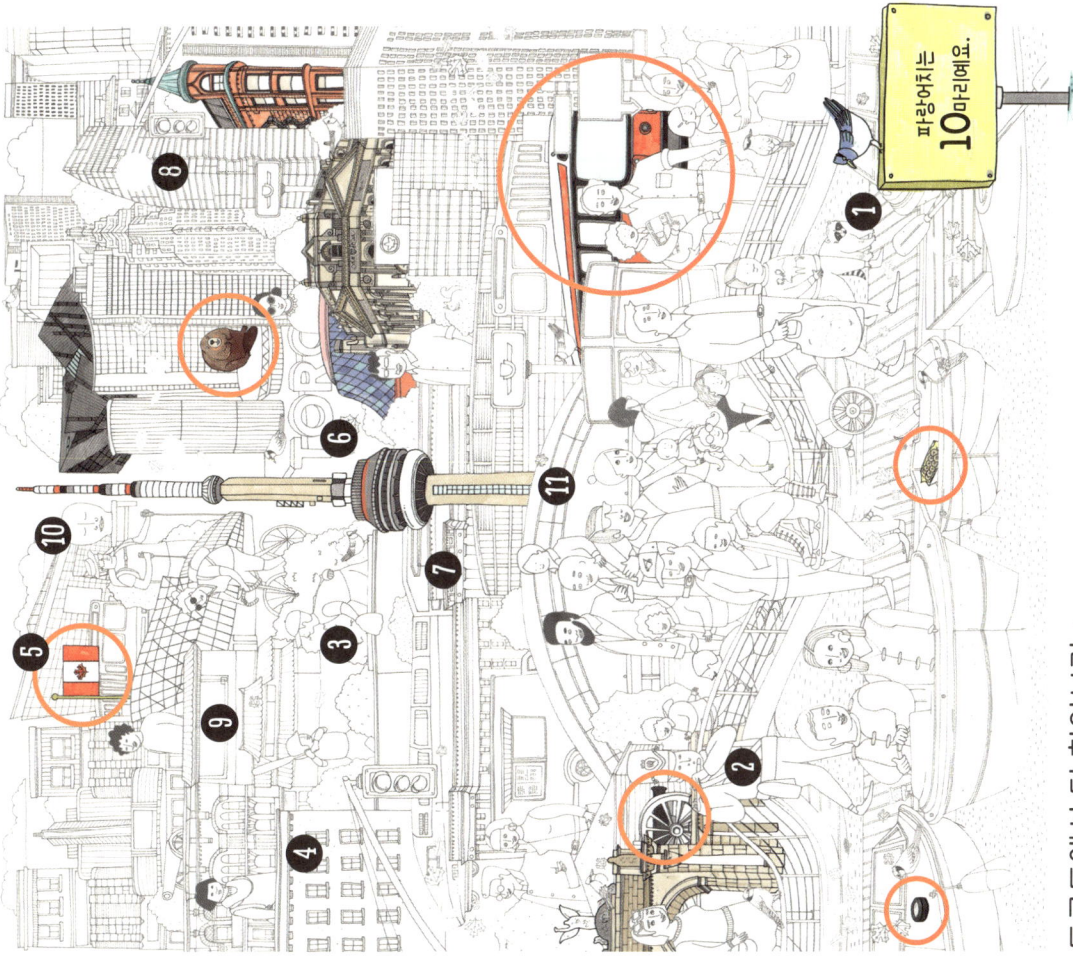

토론토에서 더 찾아보기 :

1. **너구리** 토론토에 사는 야생 동물.
2. **요크 요새** 1812년 전쟁 때 병사들의 모습을 보여 주는 곳.
3. **토론토 블루제이스** 토론토의 야구팀.
4. **토론토 벽화 거리** 벽면에 그린 그림(그라피티)으로 유명한 거리.
5. **바타 구두 박물관** 세계 곳곳의 신발을 모아 놓은 곳.
6. **토론토 사인** 2015년 아메리카 대륙의 나라들이 모여서 스포츠 경기를 할 때 설치한 3D 표지판.
7. **유니언역** 토론토의 기차역.
8. **엘 타워** 약 600세대가 살 수 있는 초고층 빌딩.
9. **차이나타운** 중국 음식을 먹고 중국 문화를 엿볼 수 있는 곳.
10. **가디너 도자기 박물관** 박물관 앞에 유아 바흐 도자기로 만든 작품 '거대한 머리'가 있어요.
11. **로저스 센터** 야구, 농구, 축구 등 운동 경기를 하는 곳.

그린이 틸리
영국 브라이튼 대학교에서 일러스트레이션을 공부했습니다. 단행본과 런던의 일간 신문 『가디언』 등에 다양한 일러스트 작업을 했습니다. 그린 책으로는 『셰익스피어는 어디에?』, 『A YEAR IN MY LIFE 나의 365일 다이어리』 등이 있습니다.

글쓴이 루시 멘지스
영국에서 글을 쓰며 살고 있는 작가이자 편집자입니다. 『A YEAR IN MY LIFE 나의 365일 다이어리』 등에 글을 썼습니다.

옮긴이 김은령
고려 대학교에서 심리학과 국어국문학을 공부하고, 어린이를 위한 책을 번역하고 있습니다. 옮긴 책으로 『여왕의 그림자』, 『지니어스! 세상을 발칵 뒤집은 천재 발명가들 이야기』, 『공룡이랑 살면 얼마나 좋을까!』, 『살아 있는 미술사 박물관』 등이 있습니다.

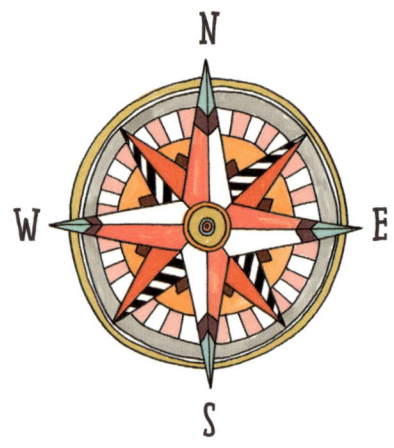

숨은그림찾기로 지구 한 바퀴
세계 도시 대탐험

처음 찍은 날 2020년 4월 6일 | 처음 펴낸 날 2020년 4월 20일

그림 틸리 | 글 루시 멘지스 | 옮김 김은령
펴낸곳 이론과실천 | **펴낸이** 최금옥 | **편집** 고양이 | **디자인** 긍지 | **등록** 제10-1291호
주소 서울 영등포구 양평로21가길 19 우림라이온스밸리 B동 512호
전화 02-714-9800 **팩시밀리** 02-702-6655

ISBN 978-89-313-8177-1 77980

Cities Around the World: A Global Search and Find Book
Illustrations copyright © 2019 TILLY AKA RUNNING FOR CRAYONS
Text, design and layout copyright © 2019 Quarto Publishing plc
Text on page 16 & 17 © 2020 Theory & Praxis Publishing
First published in the UK in 2019 by Ivy Kids, an imprint of The Quarto Group.
All rights reserved.
Korean translation copyright © 2020 by Theory & Praxis Publishing
This Korean edition published by arrangement with The Quarto Group through YuRiJang Literary Agency.

이 책의 일부 또는 전부를 사용하려면 반드시 저작권자와 이론과실천 양측의 동의를 모두 얻어야 합니다.
이 책의 한국어판 저작권은 유리장 에이전시를 통해 저작권자와 독점 계약한 이론과실천에 있습니다.
저작권법에 의하여 한국 내에서 보호를 받는 저작물이므로 무단전재 및 복제를 금합니다.

값 18,000원
잘못된 책은 바꾸어 드립니다.
고양이실은 이론과실천 의 어린이책 브랜드입니다.

품명 도서 **제조자명** 도서출판 이론과실천 **제조국명** 대한민국 **사용 연령** 8세 이상
주소 서울시 영등포구 양평로21가길 19 우림라이온스밸리 B동 512호 **제조년월** 2020년 4월
KC 마크는 이 제품이 공통안전기준에 적합하였음을 의미합니다.

이 도서의 국립중앙도서관 출판예정도서목록(CIP)은 서지정보유통지원시스템 홈페이지(http://seoji.nl.go.kr)와
국가자료공동목록시스템(http://www.nl.go.kr/kolisnet)에서 이용하실 수 있습니다.(CIP제어번호:CIP2020012909)